SOUVENIRS

DE L'ÉCHAUFFOURÉE

DE STRASBOURG

ET DU PROCÈS DEVANT LA COUR D'ASSISES;

pour servir d'introduction et de terme de comparaison

AUX ÉVÉNEMENTS DE BOULOGNE

ET AU PROCÈS DEVANT LA COUR DES PAIRS.

PAR LOUIS MUCÈNES.

PARIS.

CHEZ L'AUTEUR, RUE HARLAY-DU-PALAIS, 2,

QUAI DE L'HORLOGE.

1840

PARIS. — IMPRIMERIE D'AMÉDÉE GRATIOT ET Cᵉ,
Rue de la Monnaie, 11.

Mon intention n'est pas de rappeler des événements d'une date trop fraîche pour qu'on les ait oubliés ; mais ces événements ont été rapportés si diversement ; chaque parti s'en est emparé et les a tournés à son profit ; ils seront encore interprétés de diverses manières dans le procès qui va se juger devant la cour des pairs ; voilà autant de motifs qui me portent à la publication de cet écrit.

Je ne rapporte ici que ce que j'ai vu, que ce que j'ai observé, et si je me charge d'interpréter les opinions des Alsaciens, c'est que je suis convaincu que leurs opinions ont été mal comprises, c'est qu'il est important de rectifier des erreurs nuisibles à l'intelligence de la cause populaire qui ne puise sa force que dans le concours des citoyens guidés par une même tendance, funestes pour le pouvoir qui voit des séditieux où il ne doit voir que de sévères critiques de ses actes, favorables à l'esprit de parti qui prend pour complices de ses folles ambitions les soutiens des principes de l'indépendance.

Quelle occasion qu'une insurrection comme celle de 1836 pour sonder les véritables sympathies d'une population ! Quelle leçon que son issue pour un jeune ambitieux ! Cependant il n'en a rien été de tout cela, on s'est fait illusion sur les choses les plus significatives, on s'est appuyé sur des faits imaginaires pour la plupart, ou, au moins dénaturés. Eh bien ! on l'a fait impunément, sans trouver de contradicteurs. Le peuple qu'on a ainsi outragé est resté tranquille, parce que le peuple ne peut manifester ses sentiments que par des actions, et qu'il lui faut une bonne raison pour sortir de son inertie apparente, pour se montrer tel qu'il est, et pour faire ce qu'il peut.

La voix de la presse indépendante a été

étouffée au milieu du tumulte des partis. Informations mal prises, faux détails, rapports faits beaucoup trop sommairement; voilà tout ce qu'on a recueilli de l'événement en question. La justice a été troublée par une illégalité sans exemple sous un règne constitutionnel; le jury a prononcé un verdict dont la publicité a fait un arrêt, en y apposant des considérants. Au milieu de ce chaos de contradictions, de commentaires, à quoi doit s'en tenir l'opinion publique? Rien de plus difficile que de connaître les choses telles qu'elles sont. L'historien, j'allais dire le rapporteur, n'est pas toujours de bonne foi, le spectateur se laisse influencer. On dénature les faits en les présentant sous des formes qu'ils n'ont pas, ou on les voit sous des couleurs fausses, produites sous le prisme des passions; que de fois même l'objet ne disparaît-il pas tout à fait sous la sensation qu'il produit! Observer froidement n'est plus de notre siècle; c'est là une vérité dont je suis pénétré au point que je n'ose avoir confiance en mes propres considérations. Je puis me tromper : à cela s'expose quiconque se permet de raisonner. Je ne veux pas tromper le lecteur, ce n'est pas là ce que se propose quiconque se mêle d'écrire; mais je ne veux pas non plus qu'il me juge d'après ses opinions propres. Tout à l'heure je lui dirai le but que je me suis proposé. Maintenant veut-il me juger d'après mes principes? Je lui donne franchement le diapason de ma nationalité : mon intérêt ne me liant à aucun parti, je puis m'exprimer librement, sans crainte d'affronter tous là où tous sont répréhensibles, sans scrupule d'approuver plusieurs à la fois là où je trouverai que plusieurs ont raison. Les autres cherchent une voie sûre pour avancer, je ne vois que le but, et quelle que soit dans le monde politique la latitude où je me trouve, je regarde toujours le pôle. Si mon aiguille affole sur certains points, qu'en puis-je? Irais-je faire de l'opposition systématique?

Que le bon sens m'en garde ! Mieux vaudrait encore *prôner officiellement*. Irais-je me mettre en contradiction ouverte avec tous les êtres pensants du siècle? Hélas! à quoi me servirait de me raidir contre les mouvements de la masse quand elle s'agite? Irais-je la soulever quand elle est inerte? Pourquoi me mutinerais-je contre la marche des choses, contre le concours des événements, contre la routine du pouvoir exécutif? Mon but n'est point là d'ailleurs.

Né à Strasbourg, élevé au milieu des Alsaciens, par conséquent initié dans leurs moeurs, dans leurs habitudes, habitué dès l'enfance à entendre leur façon de penser sur toutes choses, je me crois dans le cas de pouvoir juger mes compatriotes et les dépeindre tels qu'ils sont, avec leurs défauts, puisque c'est dans la condition de l'homme d'en avoir; avec leurs qualités, puisqu'ils en ont; faire ressortir toute la moralité de leurs idées, la solidité de leurs principes, la beauté de leurs sentiments, la droiture de leur esprit, la justesse de leurs raisonnements, l'équité de leurs jugements, la probité, l'honnêteté de leur conduite, aussi bien que l'orgueil de leur esprit national, l'emportement de leurs passions, la turbulence de leur caractère, l'exaltation de leur enthousiasme, leur manie pour la malignité; démontrer qu'avec leurs qualités et même avec leurs défauts, ils ne pouvaient penser, agir comme les uns veulent le faire accroire, et comme les autres se le figurent. Qu'ai-je en vue après tout? Je dépose devant le tribunal de la nation, devant ce tribunal qui ne ratifie pas toujours les arrêts du pouvoir judiciaire, parce que la justice, auprès d'un petit nombre d'hommes instruits, il est vrai, mais toujours préoccupés des questions de droit, peut errer bien plus facilement que devant la masse qui ne connaît de loi que la raison, de droit que l'utilité publique. Tribunal imposant, où le passé, loin de consacrer les abus, est toujours une leçon pour l'avenir. Tribunal dont la puissance est scellée du sang d'un roi, et qui a enregistré les actes de renversement de deux trônes. C'est là que je tiens à montrer aux véritables Français, à ceux qui tiennent encore à la dignité de leur patrie, ce qu'on peut attendre d'un peuple qui forme un des remparts du pays. Quel temps plus opportun pour éclairer les citoyens sur les sentiments des uns et des autres, pour leur inspirer une confiance mutuelle, pour les réunir et les tenir en garde contre les événements qui se préparent? La question d'Orient est résolue, et l'infâme solution qu'on lui a donnée va transporter la question sur un autre point cardinal: il s'agira bientôt de l'intégrité du territoire français. Mais est-il donc nécessaire d'attendre une insulte plus significative encore que celle qu'on nous a faite? Quoi! voilà depuis dix ans la première fois que le gouvernement français résiste aux exigences des cabinets étrangers, parce qu'il veut défendre un allié; et voilà que pour trancher toute difficulté, on se passe de notre consentement, on oublie que la France existe encore! Ce n'est pas un défi formel qu'on nous porte, on commence par le mépris! Le cabinet français se trouve offensé d'un pareil procédé : on ne trouve rien de plus commode que de nous expédier un prétendant pour renverser le pouvoir. Fait-on mine maintenant de vouloir nous rendre satisfaction? Pas le moins du monde; on poursuit dans la même voie; bientôt le traité du 15 juillet se trouvera ratifié, peut-être près d'un commencement d'exécution.... La guerre alors! soit! nous sommes prêts à tout. Dans cette occurrence les hommes d'état feront valoir leur esprit, les hommes de guerre leurs talents, les hommes du peuple leur sang; à ceux-là les richesses, les honneurs, pour le dédommagement de leurs peines.... que peuvent espérer ceux-ci pour prix de leurs sacrifices? Il me semble qu'ils mériteraient aussi quelque chose. J'entends souvent parler de représentants que le peuple envoie chaque année auprès du pouvoir pour lui faire entendre ses besoins, pour demander les améliorations nécessaires à son bien-être; ne serait-il pas juste que ces hommes vinssent, envoyés *en effet* par la volonté du peuple au nom duquel ils parlent? Je crois qu'alors il y aurait moins de citoyens qui se laissent entraîner par les belles promesses de gens qui veulent les exploiter à leur tour; qu'alors on voudrait moins chercher ce qu'on n'a pas dans les changements de couleur : après tout, quand on a eu assez d'esprit pour choisir soi-même un gouvernement, on doit bien avoir assez de discernement pour trouver des hommes capables de comprendre, d'interpréter et de défendre les véritables droits de la nation.

Paris, 30 août 1840.

I.

UN NEVEU DE L'EMPEREUR.

Bade, le 14 août 1836.

Bade est un endroit unique et n'aura jamais son égal : je ne veux pas parler de ses eaux, de l'opulence des hôtels, des plaisirs, de la beauté du site, tous avantages qui peuvent attirer les oisifs de tous pays, et partant nombre de souverains plus ou moins despotes ; c'est à cause de ceux-ci que le philosophe doit y aller. C'est là qu'il peut observer l'humanité avec tous ses préjugés, la civilisation avec toutes ses absurdités, les institutions sociales avec toutes leurs anomalies. Endroit unique pour faire l'histoire naturelle des rois, les comparer entre eux. Chaque hôtel représente un royaume, chaque auberge un duché, chaque cabaret une principauté, bizarre résumé de toute l'Europe politique. Tristes saturnales que tous ces souverains invisibles dans leurs palais, inaccessibles à leurs sujets, marchant pêle-mêle dans la foule, coudoyés par chaque roturier, s'entretenant même très familièrement avec eux, prodiguant à quelques avides aubergistes l'or dont ils sont si avares chez eux, le jetant le soir par poignées sur la table de jeu à côté du florin qu'y risque un laquais.

En 1836, Bade ne fut guère fréquenté que par des Anglais, les plus intrépides baigneurs de l'univers, ne quittant les eaux qu'au cœur de l'hiver ; encore à Bade en est-il beaucoup qui ne s'en vont jamais, probablement parce que les eaux n'y gèlent pas.

Un endroit fréquenté uniquement par les insulaires ne doit jamais être recherché par un homme qui aime la société: un Anglais vit exclusivement en lui-même, il court le monde pour voir, mais il ne raconte jamais ce qu'il a vu ; la douce jouissance des souvenirs n'entre pas dans son organisation, aussi est-il obligé de se détruire quand il ne trouve plus rien qui le distraie par la vue. A Bade, leur présence expose l'étranger à un autre inconvénient encore : ils ont le rare talent d'y rendre les aubergistes de mauvaise humeur en les exaspérant sans relâche par des lésineries que leur inspire la peur de ne pas pouvoir perdre assez au jeu.

En entrant dans la salle de conversation, le jour de mon arrivée, je fus fort désappointé en voyant la société qui s'y trouvait. Je m'étais attendu au public royal et aristocratique des années précédentes ; mais rien de tout cela: quelques Anglaises en négligé se reposant après une journée de promenades forcées, quelques Anglais minés par le spleen, se promenant tristement dans la salle. Aux tables de jeu, quelques ladeis fort empanachées, qui attendaient d'une couleur, d'un numéro, la joie ou la tristesse de la nuit et du lendemain, et dont l'émotion à chaque tour de roulette pouvait se mesurer aux frémissements des plumes du chapeau. Ce fut à une de ces tables que je remarquai un jeune homme dont la figure me frappa singulièrement ; vue de profil, c'était l'image frappante de Napoléon, tel qu'il est représenté lorsque pauvre sous-lieutenant, il ne pouvait se douter de la grandeur de son avenir, alors qu'il n'avait à présenter pour tout titre que des talents cultivés par de profondes études ; les événements qui devaient le produire au grand jour ne s'étaient pas encore déclarés. Mais cette ressemblance, si frappante au premier moment, tournait bientôt au préjudice de celui qui la présentait, car on s'attendait en vain à rencontrer le regard qui fascinait toute une armée ; d'ailleurs les veilles de l'étude n'avaient laissé aucune empreinte sur ses joues épanouies ; son front uni ne décelait pas plus les travaux de l'intelligence, les longues méditations où le génie se développe ; traits énervés, relevés encore par une chevelure blonde; un beau jeune homme, en un mot; bien trop mince et trop petit pour imposer aux hommes, mais tout fait pour plaire aux femmes.

Surpris par de tristes réflexions sur les grandeurs passées qui, à peine éteintes, ne se reflétaient plus que par de froides images jusque dans la nature vivante, je considérais encore cette figure, lorsqu'un gros gentleman s'approcha de moi et me dit d'un air tout confidentiel:

— Savez-vous quel est ce jeune homme?

— Non.

— C'est un neveu de Napoléon.

Je l'avoue, dans le premier moment je me trouvai blessé dans mon amour-propre national de devoir à un Anglais la connaissance d'un membre de l'illustre famille, et je n'aurais probablement pas su le nom de ce neveu; mais mon interlocuteur, qui savait largement suppléer à la taciturnité de ses compatriotes par une loquacité des plus prononcées, n'attendit pas une question de ma part pour me dire que c'était le fils de la reine Hortense, et entrer incontinent dans les plus grands détails sur la naissance du prince. Toutes les circonstances dont il me parla ne m'étaient pas inconnues ; elles ne pouvaient me paraître plus vraies dans la bouche d'un Anglais. Que m'importe d'ailleurs que ces particularités soient fondées ou non ? Le vulgaire peut s'amuser de certains traits de la vie privée d'un grand homme, l'esprit de parti peut en forger même, sans que cela tire à conséquence. — Les préjugés de la naissance ne sont pas de notre siècle.

Le jour suivant je revis le prince Louis dans la même salle, se promenant seul, fort préoccupé, cherchant sans doute à se distraire en jetant sur le tapis vert quelques ducats. Mais le jeu ne pouvait l'intéresser, il se relevait bientôt pour se promener de nouveau. — Quelles pensées l'agitaient dans ce moment ? — Je croyais les deviner : il était si près de sa patrie et ne pouvait y pénétrer. C'était un exilé! et pour quel crime? Qu'avait-il fait à la France pour qu'elle le repoussât de son sein? Pauvre jeune homme! il subissait la triste conséquence de la trop grande célébrité de son nom, célébrité dont il était innocent. Quelques officiers m'avaient parlé d'un traité d'artillerie qu'il avait composé. Il était inutile d'établir le mérite de l'ouvrage pour approuver l'intention de l'auteur; on pouvait alors la croire généreuse, on pouvait y voir alors un but honorable; il désirait se rendre utile à sa patrie malgré l'ingratitude de celle-ci. C'était une injustice alors de la part du gouvernement de ne pas le rappeler. N'était-il pas digne d'occuper un grade quelconque dans l'armée, de commencer comme son oncle, quand même il ne devait pas espérer de finir comme il a fait? Mais laissons toutes ces pensées, tous ces regrets, que déjà depuis longtemps il ne mérite plus. Il a voulu régner! Ce qu'on a pris comme une preuve de générosité, de désintéressement, n'était qu'un acte de coupable préméditation.

Vers la fin d'août je partis de Bade, emportant pour souvenir unique le bonheur d'avoir vu un membre de la famille de l'empereur; doux souvenir, car il rappelait une grandeur véritable; douces sympathies que mérite toujours un malheureux, quand même il est un prince. On s'attache bien à une relique d'un grand homme, pourquoi ne devais-je pas être fier d'avoir vu le prince Louis Napoléon? Combien de temps resta-t-il à Bade? où alla-t-il après? Je suis obligé de me servir des renseignements que prit la police, que peut-être elle fournit lors du procès. Il paraît qu'après avoir eu plusieurs entrevues avec M. Vaudrey, Mme Gordon et ses autres partisans déclarés, il se hasarda sur le territoire français pour demander une entrevue avec le général Voirol[1]. Après avoir échoué

[1] Je n'ose préciser la date sur ce point, de peur de me tromper; mais je lis dans une brochure qui vient de pa-

dans cette démarche, il est sans doute revenu à Arenberg, qu'il quitta définitivement le 25 octobre. Le 28 il quitte Fribourg, et le même jour il arrive le soir au pont de Kehl.

. . . .

raître un passage que j'aime à citer tout entier; le lecteur de bonne volonté comprendra pourquoi : « Le prince « aurait dû mieux réfléchir : le 15 du même mois (octobre) « et les jours suivants avaient manqué divers rendez-vous « pour lesquels plusieurs généraux français s'étaient enga- « gés; chacun se refusa à tenir parole. C'est qu'il y a bien « loin des résolutions prises dans un mouvement passionné « à des actes patents d'insurrection et de révolte. Il n'y en « a pas *un de nous* qui, à la suite d'un mécompte, d'un « passe-droit, d'une orgie, ne se soit présenté en ennemi « implacable du gouvernement, et tout prêt à le renverser; « et quel est celui de *nous* qui, lorsque des furieux appe- « laient à la guerre dans la rue depuis 1832, n'y est « accouru que pour défendre ce même gouvernement? » (*Le prince Louis Napoléon Bonaparte à Boulogne*, révélations historiques et diplomatiques sur cet événement et sur les rapports avec la quadruple alliance, par M. de C***, maréchal-de-camp en retraite, ancien ministre plénipotentiaire, page 17.)

Voilà un diplomate qui dit du moins les choses à demi. Inutile de faire remarquer que c'est un *ancien*.

Tout ce que j'ai pu savoir par un douanier qui était de service ce jour-là au pont, c'est que deux voitures ont encore passé à la nuit tombante, au moment qu'on allait hausser le pont-levis. Ces voitures, après avoir été visitées, se sont dirigées vers la citadelle, par où elles doivent être entrées dans la vilie.

II.

STRASBOURG.

—

Les partisans du prince Napoléon Louis, pour essayer le pouvoir de leur créature, ne pouvaient choisir une ville qui offrît plus de chances de réussite. La mémoire de Napoléon ne peut être plus dignement honorée qu'elle ne l'est à Strasbourg, et sous ce rapport il n'y a point de distinction d'âge ou de rang. Le vieillard qui a pris part aux beaux faits d'armes de l'empire, en parle avec enthousiasme; le jeune homme qui espérait suivre son exemple, l'écoute avec ravissement; partout on exalte sa gloire, partout on regrette sa grandeur.

Mais aussi quelle époque plus brillante pour la prospérité du commerce, pour l'importance de la place de Strasbourg? Toutes les armées passaient par cette porte de la France pour se rendre en Allemagne, et c'était encore par là qu'elles revenaient triomphantes pour déposer leurs trophées au sein de la patrie.

L'instruction est généralement répandue en Alsace; on y parle deux langues, ce qui ne contribue pas peu au développement de l'intelligence; et si l'Alsacien n'a pas l'esprit sémillant du Français, il a beaucoup de la profondeur de pensée de l'Allemand, sans en avoir la lourdeur de conception. Dès l'enfance il s'était senti une généreuse émulation, il s'était destiné à la carrière des armes en voyant le grand nombre d'officiers de tout grade qu'avait fournis l'Alsace; et toutes ces espérances de gloire, il a été obligé d'y renoncer à la rentrée des Bourbons! 1830 les a ranimées un instant.

Strasbourg offrait encore un autre avantage pour les projets des séditieux. Comme dans toutes les villes de province, et principalement les villes d'université, la jeunesse y a un grand pouvoir; elle s'accommode peu du calme monotone de la vie qu'on y mène; le besoin de se distraire fait que les jeunes gens y sont bien plus liés. Comme il n'y a pas des fêtes toute l'année, on improvise de temps à autre de petites émeutes, qui ne font du mal à personne, pas même à la police, qui trouve une occasion de signaler son zèle. C'est ainsi que, peu de temps après 1830, les étudiants se concertèrent pour donner un charivari à un riche industriel, haut fonctionnaire, que je ne nommerai point, et qui est d'ailleurs assez connu. Cette plaisanterie, tout innocente qu'elle était, faillit tourner au sérieux, parce que la canaille voulut profiter de l'occasion pour piller la caisse qui avait la réputation d'être bien fournie. Les jeunes gens entrevoient le but de ce soulèvement, des suites duquel ils étaient responsables : aussitôt ils prennent les armes, et l'ordre est rétabli par la seule intervention de la garde nationale.

Une autre fois on se met en tête de supprimer les droits d'entrée sur la frontière, et au lieu d'ennuyer la chambre avec une pétition, ils se rassemblent un beau matin, et se rendent au pont de Kehl pour démolir les bureaux de l'octroi. Par malheur, l'insurrection s'était organisée si publiquement, que la force armée les avait devancés au rendez-vous.

Je pourrais encore citer mille folies suscitées par ce besoin d'action qui tourmente la jeunesse. On verra bientôt de quelle manière les Alsaciens ont accueilli le neveu de Napoléon, et le cas qu'ils en ont fait pendant les dix jours qu'il était enfermé au milieu d'eux.

III.

LA CONSPIRATION ÉCLATE.

—

30 octobre.

Le parti napoléoniste ne se montra jamais plus puissant qu'au moment de la chute de l'empire. Tout ce qu'il y avait de cœurs généreux, de sentiments nobles, tout ce qui tenait à la dignité de la France devait repousser une royauté imposée par la volonté de l'ennemi. Malgré les sanglantes répressions du pouvoir, l'esprit du grand homme fermentait encore partout et gagnait plus de prosélytes qu'il ne perdait de martyrs. Napoléon meurt, et son parti ne s'éteint pas, car son ombre suffit encore pour épouvanter la restauration ; seulement ce n'est plus une question de dynastie, d'hérédité, qui unit les partisans. On ne pouvait raisonnablement proposer un prince élevé à la cour d'Autriche; aussi, en 1830, lorsque reparurent les couleurs de la liberté, ne s'éleva-t-il aucune voix pour proclamer le fils de l'empereur; on se hâta de choisir un roi, effrayé qu'on était du nom de république. Peut-être l'avénement au trône tenait-il à une autre cause; c'est possible, j'éclaircirai ce point ailleurs. Les puissances étrangères reconnurent la nouvelle dynastie, et c'est ce qu'elles avaient de mieux à faire. Le duc de Reichstadt mourut bientôt; dès lors s'en alla tout espoir de voir jamais régner un descendant de Napoléon. Mais le mécontentement, le fanatisme politique, ne s'effraient pas de si peu de chose : s'il est impossible de ressusciter les morts, on choisit des vivants qui ont quelque analogie avec ceux qui ne sont plus, et l'on n'en est que plus sûr de les manier à son gré. Il fallait un prétendant au parti napoléoniste, on en trouva un comme les ambitieux le désiraient. Mais la France ne le connaissait pas, il fallait donc le montrer, le faire connaître.

Par où entrera-t-on? Strasbourg est choisi.

C'était un dimanche matin, je logeais alors hors de la ville, et j'allais y entrer par la porte des Pêcheurs, lorsque je fus frappé par le mouvement extraordinaire qui se manifestait dans l'intérieur; le poste de la porte était sous les armes et la consigne ne savait s'il fallait fermer ou laisser ouvert. Je m'étais à peine avancé de quelques pas, que plusieurs ouvriers, habitants de la campagne, vinrent me dire que Napoléon était revenu.

— Comment, Napoléon?

— Mais oui.

— Il est mort!

— Il paraît que non.

J'appris encore qu'on avait voulu les entraîner, mais qu'ils préféraient attendre jusqu'à ce *qu'on sera plus avancé*. Charmé de la profonde politique de ces honnêtes campagnards, je me dirigeai vers le point de l'insurrection. On m'avait dit que c'était à la Finckmatt. J'entendis en effet quelques coups de fusil dans cette direction. Je passais sur la place Saint-Etienne, lorsque je rencontrai M. le préfet du Bas-Rhin,

> Dans le simple appareil
> *D'un administrateur* qu'on arrache au sommeil,

et conduit par quelques artilleurs ivres. Et je vous assure que son escorte le traitait d'une manière peu administrative.

Je partageai l'étonnement de quelques bons bourgeois qui se tenaient sous les portes de leurs maisons, se frottant les yeux pour s'assurer s'ils ne rêvaient pas. Bientôt arriva le bataillon de pontonniers conduit par le sous-lieutenant Laity. Cette troupe allait se rendre sans doute à sa destination, lorsqu'elle fut jointe par un officier qui accourait en toute hâte, et une altercation s'ensuivit entre le sous-lieutenant commandant et lui. Le premier, sans doute pour imposer, accompagnait chaque parole d'un violent coup de sabre sur le pavé; mais l'officier ne se laissa pas intimider, et parvint bientôt à faire rentrer les soldats dans leur caserne.

Je suivis la foule qui se portait vers le Broglie; là le mouvement était extraordinaire; cependant chacun, tout en courant, demandait ce que c'était. Enfin arriva la troupe, au milieu de laquelle partaient les cris de *vive l'empereur!* Le peuple se rangea pour laisser passer le triomphateur... C'était le prince Napoléon qu'on emmenait prisonnier! il était dans une voiture dont les portières étaient gardées par des sapeurs du quarante-sixième; plusieurs soldats du même régiment les entouraient, la plupart n'étaient pas même en petite tenue; chacun avait pris pour arme le premier objet qui lui était tombé sous la main, voire même des manches à balai.

Pour le prince, c'était bien ce même jeune homme que j'avais vu à Bade; mais à peine reconnaissable, pâle et défait qu'il était; d'ailleurs son entourage napoléonien ne contribuait pas peu à effacer toute ressemblance avec son oncle; le pauvre jeune homme n'osait pas même lever les yeux sur ses malheureux amis assis à ses côtés. Quant aux cris de *vive l'empereur* qui continuaient toujours de plus belle, c'étaient des soldats du quatrième d'artillerie qui avaient grimpé sur la voiture du prince et dont l'état d'ivresse ne pouvait leur faire comprendre qu'ils étaient vaincus. Le peuple était silencieux et stupéfait ; la plupart ne savaient pas encore de quoi il était question. Ainsi finit cette insurrection qui devait changer le sort de la France. Dans la ville on commença à rapprocher et à classer les différentes scènes ; chacun savait quelque chose de l'événement : il n'y avait que les soldats du quatrième qui ne savaient rien, si ce n'est qu'ils avaient bu de grand matin, ce qu'ils ne faisaient pas tous les jours.

A dix heures du matin le prince entra dans la prison neuve. Dans la cour il se retourne et aperçoit le colonel Vaudrey qui le suit aussi triste, aussi pâle que lui :

— Colonel, me pardonnez-vous le malheur où je vous entraîne?

— Oui, sire.

Et voilà le prince qui pleure; ce même jeune homme qui aspirait à la couronne de France se montre enfin ce qu'il est. Il s'était fié à la prudence de ses partisans, ceux-ci s'étaient fiés à la grandeur de son nom. Tous s'étaient trompés.

Toute la journée les conversations ne tarissaient pas sur les événements du matin; depuis le salon du banquier jusque dans la plus humble brasserie, il n'était question que de ce Napoléon qui voulait conquérir la France en commençant par Strasbourg. Cependant il ne fallait rien moins que les journaux du lendemain pour accorder tous les esprits sur la nature de ce prétendant nouveau.

Voici ce que j'ai pu savoir quant aux détails de cette affaire. De grand matin le colonel Vaudrey avait rassemblé son régiment. Le prince, en costume de Napoléon, et l'ex-lieutenant-colonel Parquin, avec l'uniforme de général, s'étaient mis à la tête, et ainsi escortés, ils s'étaient dirigés sur le quartier de la Finckmatt. En chemin ils passent devant un corps-de-garde; le caporal qui le commandait en voyant approcher la force armée s'était mis sous les armes avec ses quatre hommes. Un officier se détache de la troupe et lui enjoint de former l'avant-garde. Le brave caporal s'empresse d'obéir à son supérieur; d'ailleurs peut-il avoir la moindre défiance? il voit au milieu d'eux le drapeau tricolore, et à un homme de son grade il est bien permis de prendre un aigle pour un coq. A la Finckmatt le prince avec son état-major entra dans la caserne pour haranguer les quelques soldats qui se trouvaient dans la cour à cette heure matinale; pendant ce temps les artilleurs cherchèrent quelques tonneaux de bière qu'ils vidèrent à la santé du nouvel empereur.

Le prince faisait des discours superbes qui intéressaient infiniment les soldats; il leur parlait de Napoléon, aussi l'écoutèrent-ils. Mais voilà qu'arrive M. Taillandier qui leur fait entendre que ce n'est là qu'une farce qu'on veut leur jouer; et comme la chose en a parfaitement l'air, les soldats le croient sans peine; aussi s'emportent-ils de ce qu'on les prend pour des dupes. Le tambour-major marche sur Parquin, un petit sergent se prend corps à corps avec le prince. Les artilleurs alors veulent défendre leur empereur; mais celui-ci leur crie de se rendre et ils obéissent aussitôt. C'est dans ce moment que quelques gamins, qui attendaient probablement la distribution de la soupe, jettent des pierres; on commande alors le feu; quelques coups sont tirés en l'air. Pendant ce temps le prince est emmené avec tous les complices qu'on pouvait atteindre.

La police de la ville mérita bien des reproches dans cette circonstance; à quatre heures l'insurrection s'était déclarée, et dans une ville tranquille, comme l'est Strasbourg, surtout le dimanche, le mouvement extraordinaire des troupes, tous ces cris de *vive l'empereur*, auraient dû donner de suite l'éveil à la police. Néanmoins ce ne fut qu'à neuf heures, quand le prince était pris, qu'on vit accourir les commissaires de police avec leurs satellites. Mais ce qui est ici une preuve de l'inertie de l'autorité, en est une aussi de la confiance qu'inspire la population, quoique ses opinions ne soient pas douteuses.

Le même jour la police, en pénétrant dans le domicile d'un des complices, y trouva une dame fort occupée à brûler des papiers; c'était Mme Gordon.

IV.

ENLÈVEMENT DU PRINCE.

—

10 novembre.

Voilà donc le prince prisonnier dans cette ville qui devait être sa première conquête.

Comme on peut le présumer, on s'entretint longtemps de cette tentative, on discuta beaucoup les chances de réussite qu'elle avait offertes ; mais on n'alla pas plus loin : on ne voyait là que le fait d'un jeune homme qui convoitait un trône et qui avait trouvé des partisans ; personne ne soupçonna un mobile occulte, des instigateurs autres que ceux qui s'étaient déclarés au moment de l'action. Cependant il existait encore deux espèces de complices : les uns le poussaient, les autres l'attiraient en France ; je ne veux ni nommer les hommes, ni définir les espèces; quant aux intentions, qui ne les devine pas? Ils avaient intérêt à ranimer un parti agonisant, à le retremper par le soulèvement d'une province, parce qu'ils craignaient de voir le gouvernement soulagé d'une nuance d'opposition : il ne serait plus resté que deux partis pour entraver la marche du pouvoir, pour légitimer les exactions, les usurpations continuelles qu'il se permet dans l'exercice de ses droits, et excuser les attentats contre la liberté des citoyens qu'il ne se fait pas scrupule de commettre pour la protéger. Quant au prétendant, son espoir était d'abuser des sympathies d'une population ardente, de profiter de la disposition d'esprit d'une foule de mécontents, de stimuler de jeunes ambitions. Et que ne pouvait-il espérer? La duchesse de Berry était bien parvenue à soulever la Vendée et à s'y maintenir longtemps. Strasbourg, par sa position, offrait encore une retraite facile en cas de revers; mais s'emparer de cette place pour y établir le foyer de l'insurrection, était une presque impossibilité. La ville prise, il restait encore la citadelle. Sur quoi comptait-on d'ailleurs? On espérait la trahison du général Voirol, et on l'espérait si bien que, le mouvement insurrectionnel à peine commencé, le prince lui envoya deux aides-de-camp pour le prévenir de ses intentions. Ceux-ci ne négligèrent certainement rien pour donner au complot une physionomie séduisante; cependant le général n'hésita pas un seul moment. D'ailleurs eût-il cédé, il suffisait de la résistance d'un seul officier pour tout renverser. C'est du reste chose aussi naturelle qu'avérée qu'un homme abdique son rang dès qu'il conspire; le soldat, qui n'obéit à son supérieur que parce que cette obéissance lui est imposée par la loi, ne se sent plus tenu d'obéir dès que la loi est méprisée; s'il reste dans la soumission, c'est volontairement, par reconnaissance, par attachement, mais nullement par conviction, et dans cette circonstance l'officier du grade le moins élevé a le droit d'espérer le plus. Pour un autre, à moins que ce ne soit un Napoléon, mais un vrai Napoléon, il sera méconnu par ses inférieurs dès qu'il méconnaîtra le pouvoir dont il tient sa grandeur. Si le prince Louis avait dessein de nous donner une seconde représentation du retour de l'île d'Elbe, son amour-propre l'a singulièrement égaré. Combien de soldats y a-t-il encore dans l'arméequi ont vu le *Petit Caporal?* et s'il s'était présenté devant les *vieux grognards*, ceux-ci auraient fait une singulière grimace à la vue de ce jeune homme coiffé à la Napoléon ; ils se seraient facilement assurés que ce n'est pas là celui qui avait l'habitude de compter ses victoires par le nombre de ses batailles, celui qui les opposait à dix armées à la fois pour les faire triompher dix fois de suite ; ils auraient bientôt fait cesser cette mascarade. C'est que l'empire des cœurs ne se transmet pas de père en fils, non plus le génie.

Que de difficultés il eût fallu surmonter seulement pour poser l'insurrection! et l'on comptait surprendre la capitale! Il est vrai que ceux qui faisaient jouer les ressorts du complot ne s'attendaient pas à un résultat aussi brillant. Ils espéraient voir l'Alsace se soulever en faveur de Louis Napoléon; aussitôt les provinces de l'Ouest auraient recommencé leur brigandage en faveur de Henri V, une partie du midi et le centre auraient proclamé la république. Alors seulement les puissances auraient joui du beau spectacle de quatre partis se détruisant mutuellement; elles auraient attendu l'épuisement général de la France pour la prendre et la déchirer, et le neveu de Napoléon aurait sans doute reçu un ordre de l'empereur de Russie: qui sait? on lui aurait peut-être même donné un morceau de la France, d'autant plus qu'il eût été bien plus prudent de la couper en très petits morceaux, pour la mettre dans l'impossibilité de se réunir.

Pour des gens qui ne sont mécontents du gouvernement que parce qu'il leur a retiré ses faveurs, et qui veulent les regagner par un moyen quelconque ou bien le renverser à coup sûr, la tentative de Louis Napoléon était beaucoup trop hasardée; c'est ce qui explique la conduite conséquente des personnages dont parle M. de C*** dans sa brochure. Ils avaient vu que Strasbourg est à cent lieues de Paris, et qu'on ne transporte pas une armée dans une malle-poste. S'immiscer dans une affaire de chouannerie n'était pas leur fait : des conspirateurs de cette force ne sont guère à craindre, et il est si facile de s'en défaire! le gouvernement l'a si bien compris qu'aujourd'hui, à la place de mécontents, il a de fidèles serviteurs.

Honneur aux Alsaciens! ils se sont conduits comme doivent se conduire des citoyens qui ne veulent être ni dupes de projets d'ambitieux, ni victimes des intrigues de l'étranger; ils ont compris leur position; ils ont deviné à quoi on voulait les faire servir. S'ils font de l'opposition, ce n'est certainement pas pour le plaisir d'en faire; mais parce qu'ils n'ont que ce moyen pour rester dans la voie du progrès, en dépit du pouvoir.

Dix jours la curiosité publique était excitée au dernier point. Que fera-t-on des conspirateurs? devant quelle cour de justice seront-ils traduits? Voilà ce qu'on voulait savoir. Mais les nouvelles de la capitale restent deux jours en route, et la langue du télégraphe n'est pas à portée de toutes les intelligences.

Dans la nuit du 9 au 10 novembre, un peu après minuit, sortit une chaise de poste de la cour de la préfecture; après avoir passé sur le Broglie, elle s'arrêta devant la prison neuve. A cette heure les rues de Strasbourg sont complétement désertes; les portes sont fermées, et de fréquentes patrouilles parcourent la ville. La prison neuve s'ouvrit, quelques personnes en sortirent et montèrent dans la voiture qui traversa la ville au grand trot. La porte Nationale était ouverte, et la voiture passa.

Le lendemain on apprit que Louis Bonaparte n'était plus à Strasbourg. La nouvelle surprit tout le monde; on forma mille conjectures sur cet enlèvement mystérieux; personne ne devina les intentions du ministère. Les personnes qui s'occupaient de politique ne virent là qu'une preuve que le procès devait se juger devant la cour des pairs; celles qui s'occupaient exclusivement de littérature soupçonnèrent une histoire de *lettre de cachet*. Je crains que celles-ci n'aient été les plus raisonnables. Enfin on ne comprit plus rien à la marche des choses quand vint la nouvelle que le prince était embarqué pour les États-Unis, tandis que ses complices étaient toujours détenus.

Si je voulais me jeter dans des questions de droit, je demanderais quelle loi a pu autoriser un acte pareil; si le roi n'a voulu user que de son droit de faire grâce, il aurait dû attendre que l'accusé eût été condamné. D'ailleurs, où sont les lettres de grâce? quelle juridiction les a entérinées? Ce n'est pas là un acte constitutionnel. Mais cet acte, quelque illégal qu'il fût, eut son bon côté. L'accusé était un prince et un exilé; en considération de ces deux qualités, son procès n'aurait pu être du ressort du jury; et pourquoi le traduire devant la cour des pairs? D'ailleurs il n'était pas maladroit d'infliger au coupable une reconnaissance assurée; il n'en a tenu compte, et ce n'est pas moi qui lui ferai un reproche de son ingratitude.

V.

LE PROCÈS.

—

7 janvier 1837.

Pour un Français qui n'a pas fait ses études, Strasbourg est encore une ville de l'Allemagne. Le Strasbourgeois se voit avec peine victime d'un pareil anachronisme géographique, et il est heureux quand se présente une occasion où il puisse prouver sa qualité de citoyen français : aussi fut-ce avec une sorte d'orgueil national qu'on apprit que le procès était porté devant la cour d'assises du département : toute la presse était préoccupée du jugement, le nom de Strasbourg se lisait partout !

Dire que toutes les dames voulurent assister aux débats serait aussi inutile que si je faisais observer que l'Alsace jouit d'une civilisation *occidentale*. Toute la galanterie du barreau fut mise à contribution. Mais ce n'était pas tout d'avoir obtenu des billets d'entrée, il s'agissait d'arriver à temps pour trouver encore sa place vide, car la fureur de l'usurpation pouvait devenir contagieuse. Aussi les dames de Strasbourg prirent-elles bravement leur parti : à six heures du matin on pouvait les voir se glisser le long des rues, escortées d'une bonne qui marchait devant en tenant une énorme lanterne.

A huit heures la cour du Palais-de-Justice était envahie par la foule, et à plus d'une reprise les sentinelles furent impuissantes contre l'empressement du public ; cependant l'autorité ne s'était pas mise dans le cas de subir le reproche de défaut de prévoyance.

Enfin le tirage du jury eut lieu. A chaque session le jury se trouve en grande partie composé de gens de la campagne ; or là on est encore exclusivement Allemand, je veux dire

Alsacien, quant à la langue. Eh bien! tous les jurés de la ville sont récusés. Ce fait n'étonne aucunement; la défense n'avait pas fait un secret de ses intentions à cet égard. La traduction en allemand devenait donc une nécessité. Les accusés sont introduits; Vaudrey paraît d'abord, puis Laity, Parquin, de Querelles, de Gricourt, Mme Gordon et de Bruc. Dans l'interrogatoire on pouvait facilement approfondir les caractères des accusés : M. Vaudrey est abattu, il a la conscience de sa position, il se repentirait s'il était encore temps de le faire. M. le président lui fait du reste comprendre qu'il est un des favorisés du 7 août, et qu'il est par conséquent un ingrat. Il en convient presque. Quelle fatalité l'a donc poussé dans ce malheureux complot? Je pourrais le dire, on le verra dans la suite sans que je le dise.

Quant à Laity, ce beau jeune homme dont la présence excite un intérêt si particulier chez les dames, il répond par des paroles assez énergiques prononcées d'un ton qui ne l'est pas trop.

Pour Parquin, contenance assurée, réponse brève et hardie ; il représente la force physique de la conspiration. Chez lui, point d'excuse ; il sait ce qu'il a fait, et il le dit sans crainte.

Parlerai-je de MM. de Querelles et de Gricourt? Je ne me souviens que de leurs noms.

Mais voici Mme Gordon. Ici mouvement général; M. le président réclame le silence. Mais pourquoi tracerais-je le portrait de cette femme? qui ne l'a pas encore vue? Elle répond avec assurance ; mais elle ne sait absolument rien ; elle n'avait aucune connaissance du complot avant l'événement ; si on l'a trouvée chez un accusé, c'est qu'on lui a remis une clef et une adresse en la priant de brûler tout ce qu'elle trouverait dans l'intérieur. Elle l'a fait. Elle a voyagé avec M. Vaudrey, elle est même restée chez lui pendant quelques jours ; mais ce n'est pas, comme on pourrait le croire, après avoir abdiqué toute pudeur de femme; c'était pour cause de maladie qu'elle était restée, et elle le prouve par un certificat du médecin.

Quant au comte de Bruc, tout de suite en entrant il jure devant Dieu et les hommes qu'il ne sait rien, que c'est une faute. Ce à quoi M. le président lui fait observer que la justice peut commettre des erreurs et jamais des fautes. Puis est ordonnée la lecture d'une lettre où il est parlé d'une fabrique que M. de Bruc aurait de commun avec Mme Gordon. M. de Bruc s'explique très clairement en disant qu'il avait une fois l'idée de fonder une colonie sur les côtes d'Afrique, où la célèbre cantatrice devait sans doute par son talent coopérer à l'œuvre de la civilisation. Cette méthode n'est pas neuve; si j'ai bonne mémoire, Orphée s'était servi déjà de l'harmonie musicale pour produire l'harmonie sociale.

Lundi 9 commencent les dépositions des témoins; ce sont des officiers et des sous-officiers du quatrième d'artillerie; tous déposent en leur faveur, quelques-uns même en faveur du colonel Vaudrey. Celui-ci les a appelés sous les armes sans qu'ils sussent de quoi il était question, voire même l'un d'eux a cru que c'était le duc d'Orléans qui était venu fortuitement à Strasbourg pour les passer en revue, comme il fait dans toutes les villes de garnison où il passe; c'est seulement lorsqu'il est apparu un jeune homme costumé en Napoléon, et qui les a harangués, qu'on a su ce qu'on voulait faire. M. le général Voirol raconte le stratagème dont il a usé devant les ambassadeurs de Napoléon II, en entrant dans son cabinet sous prétexte de s'habiller, pour envoyer un aide-de-camp dans la citadelle, et la préserver ainsi d'une surprise.

M. le lieutenant-colonel de Taillandier fait ressortir toute l'importance de la ruse dont il s'est servi en faisant passer Napoléon pour le neveu du colonel Vaudrey. M. le préfet parle de son arrestation et de son incarcération *illégales*.

Puis vient le tambour-major, un Alsacien, qui a arrêté M. Parquin. M. le président, au nom de la cour, adresse à chacun de ces messieurs indistinctement des félicitations pour leur conduite pendant l'affaire; d'ailleurs ils portent déjà les insignes délivrés par la reconnaissance du roi.

Enfin, le 13, après l'épuisement de la liste des témoins, commence le réquisitoire de M. le procureur-général. Ce magistrat développe tous les ressorts de cette conspiration, dont la prompte répression a prévenu tant de malheurs; il en fait ressortir tout ce qu'il y avait d'insensé, de ridicule; il la présente ourdie et conduite par une cantatrice.

Le 14 commencèrent les plaidoiries : Me Ferdinand Barrot parla pour M. Vaudrey.

Puis M. Lichtenberger, du barreau de Strasbourg, défendit Mme Gordon : il montra cette femme dans toutes les vicissitudes de la vie d'artiste. C'était un roman pour l'intérêt. Il ne manquait plus que les détails pour en faire une confession. Mais je me hâte d'arriver à la réplique de M. Parquin au nom de toute la défense. Ici je ralentis un peu mon récit. Il y avait un autre intérêt à suivre cette partie des débats : ces avocats parlaient devant un public peu habitué à cette éloquence parlementaire, devant un public de gens dont la majeure partie comprenaient à peine la langue française. Pour comprendre tout l'empire qu'exerce un grand talent sur les intelligences les moins cultivées, il fallait observer ce peuple, qui passe pour flegmatique, il fallait voir avec quel silence religieux il écouta cet avocat plaidant pour un frère, domptant la voix du sang pour n'être plus que jurisconsulte, pour ne plus se préoccuper que de l'intérêt de tous ; puis, cédant tout à coup à l'impulsion du cœur, invoquer le nom d'une mère pour émouvoir les juges. Quelle parole! quelle chaleur! quel entraînement!

Lorsque l'orateur retomba sur son banc, épuisé par ce moment d'inspiration sublime, un cri général partit de toute la salle; les femmes sanglotaient, les hommes s'essuyaient les yeux; il n'y avait que les jurés qui étaient restés impassibles. L'interprète leur a traduit le discours.

Le lendemain 18, c'était une autre affaire, on ne pouvait plus pénétrer même dans la cour du palais; la force armée, tout le peuple qui se pressait aux abords pour apprendre le plus tôt possible le verdict du jury; quel mouvement!

L'acquittement fut rendu public vers une heure, et fut accueilli par la foule comme une nouvelle qui excite la curiosité, qu'on attend avec impatience, et qui vous laisse ce qu'on a été quand on la sait. Alors on attendit la sortie des prévenus, et, chose étonnante, ils sortirent sans qu'on les aperçût, tant la foule qui se pressait pour les voir était distraite et turbulente.

Cette foule, qui bientôt s'écoula lentement, était la même que celle qu'on peut voir accourir au lieu de l'exécution d'un criminel : et celui-ci bien certainement ne prend jamais cet immense concours de peuple pour une marque de sympathie.

VI.

SUITES.

—

Le dimanche suivant, eut lieu une rencontre entre M. de Taillandier et M. Parquin. La cause de ce duel était, si je me souviens bien, une observation qu'avait faite M. Parquin sur un point de la déposition de M. de Taillandier. Celui-ci, en décrivant d'une manière *élégante et fleurie* la scène qui s'était passée dans la cour de la caserne de la Frinckmatt au moment où il était arrivé, s'était permis une épithète un peu *homérique* pour désigner Parquin. Il avait dit : « J'aperçois alors un colosse de général. » De sorte que, quand M. le président demanda à l'accusé ce qu'il avait à dire sur la déposition du témoin, l'accusé a répondu : « Je n'ai rien à faire observer, si ce n'est que le témoin m'a beaucoup *grandi.* » Le mot a fait rire tout le monde, excepté le témoin. Et comme les braves n'ont pas une grande déférence pour la balance de la justice, on trouva plus commode de clore les débats dans l'île du Rhin.

Ce duel attira beaucoup de monde; tous les accusés, tous les témoins y assistèrent comme intéressés en quelque sorte ; de plus, comme on avait fait connaître quelques jours d'avance le lieu du rendez-vous, probablement dans le but de sonder encore l'opinion publique, tous les jeunes gens se rendirent sur l'île à l'heure indiquée. Le combat ne dura pas longtemps : M. Parquin glissa et perdit l'équilibre, et lorsqu'il se releva il était blessé au bras ; les témoins jugèrent que l'honneur était satisfait, et l'on se hâta de se disperser, car la foule augmentait toujours, et avait envahi tout le taillis environnant. M. Parquin ne rentra plus à Strasbourg, il passa la frontière et s'arrêta à Kehl pendant quelques jours encore.

Les événements d'octobre occupèrent encore longtemps le public par leurs conséquences. La conduite vraiment mystérieuse et équivoque du ministère envers le général Voirol, le changement de préfet, furent encore diversement interprétés par les journaux.

Quelques jeunes officiers du bataillon des pontonniers s'étaient déclarés pour le prince au moment de l'insurrection ; ils furent renvoyés peu de temps après, ce qui donna lieu à un banquet où prirent part les défenseurs des accusés d'octobre, ainsi que les amis des jeunes disgraciés.

Ainsi s'assoupit cette conspiration unique pour la témérité de ceux qui l'avaient ourdie. Le prince se hâta de revenir de son excursion forcée, et vint de nouveau rôder autour de la France. Cette fois la publicité le surveilla aussi bien que les agents du gouvernement. Le cabinet français, voyant qu'il ne tenait compte de la leçon qu'il avait reçue à Strasbourg et ne pouvant ignorer ses intentions, ne fût-ce que par sa conduite, travailla pour l'éloigner au moins du côté où il était le plus dangereux. L'Angleterre, notre gracieuse alliée, se hâta d'ouvrir un asile à l'incorrigible prétendant.

VII.

LA GUERRE DES BROCHURES.

—

Notre époque est éminemment littéraire. La civilisation a vieilli, tout enfantine, tout imparfaite qu'elle est restée, et aujourd'hui nous faisons ce que fait chaque nation, chaque homme, quand vient la vieillesse : nous écrivons nos mémoires. Nous faisons ce qu'on fait quand on n'a plus la force ou l'occasion d'agir, nous nous nourrissons d'utopies, et le gouvernement, dans sa marche toute pacifique, se gardera bien de nous distraire de ce genre d'occupation.

Le prince Napoléon, à peine revenu des États-Unis, médite une tentative de révolution bien plus appropriée aux mœurs du siècle que la première ; il n'est plus question d'une insurrection prétorienne, il s'agit maintenant de commencer son règne dans le monde intellectuel. Ses amis qui venaient d'être acquittés à Strasbourg se réunissent chez lui à Arenemberg, et là on s'occupe de l'histoire de l'insurrection manquée; tous ces Achilles déchus deviennent autant d'Homères.

Est-il besoin de longues réflexions pour voir tout ce que cette nouvelle tentative avait de déraisonnable? Rien de plus terrible que la critique d'aujourd'hui; les éloges sont exclusivement réservés aux grands génies, aux écrivains d'un talent longtemps éprouvé, d'un mérite incontestable. Le prince espérait-il être rangé dans cette classe d'écrivains? Dès lors il aurait dû renoncer à être favorablement jugé comme prince, car il en est des *princes de lettres* comme des femmes de lettres : tous deux sont regardés comme faisant un mauvais emploi de leur temps, en ne remplissant pas les exigences de leur position. Il est bien possible que dans le principe le prétendant n'ait voulu paraître que comme *héros* et non comme auteur ; c'est du moins ce qu'on peut induire de la publication de la brochure signée du nom de Laity. Mais avant d'en venir à ce sujet, je veux parler d'un feuilleton que j'ai lu dans un journal peu de temps avant le fameux procès-brochure. Je suis porté à croire que cette nouvelle est venue de la même fabrique. C'est une façon d'impression de voyage. La scène se passe en Savoie peu de temps avant l'échauffourée de Strasbourg.

Louis Napoléon, avec deux de ses amis, rencontre, par un de ces hasards si communs dans les feuilletons, un personnage dont l'auteur se garde bien de dire le nom tout de suite ; ce personnage, encore inconnu pour le lecteur, ne l'est aucunement pour le prince, car celui-ci l'accable des épithètes les plus humiliantes ; il finit par le saisir au collet, et aidé de ses amis, il le transporte sur les bords d'un abîme où l'inconnu eût infailliblement été englouti, s'il ne s'était trouvé là, encore par hasard, une vieille femme et une jeune fille qui interviennent en faveur du personnage en question. Le prince, pour prouver qu'il est galant, et par conséquent Français, se montre miséricordieux, et se contente d'infliger à l'inconnu une punition très originale; il le force de lécher son propre nom (le nom de l'inconnu) sur le livre des étrangers. Après cela les trois jeunes gens s'éloignent, et l'auteur, pour surprendre agréablement le lecteur dont il a stimulé suffisamment la curiosité, se hâte de terminer son récit par le nom du prince Louis Napoléon précédé de ceux de ses amis et suivi de celui d'Hudson Lowe.

Le 16 juin 1838 parut la brochure intitulée : *Relation historique des événements du mois d'octobre. Le prince Louis Napoléon à Strasbourg; par Armand Laity, ex-lieutenant d'artillerie, ancien élève de l'École Polytechnique;* cet écrit, tiré à dix mille exemplaires, fut distribué et expédié gratis dans toute la France pendant cinq jours; après quoi le ministère fit arrêter l'auteur et saisir l'ouvrage. Le même jour M. le garde des sceaux lut l'ordonnance devant la chambre des pairs.

Cet écrit avait été publié dans le but visible d'occasionner un procès; la lettre du prince Louis le prouve assez[1]. Mais qu'espérait-on

(1) Cette lettre, qui a été saisie au domicile de M. Laity lors de l'arrestation de ce dernier, dépeint parfaitement le caractère de celui qui l'a écrite. La voici:

A..., le 11 juin 1838.

« Mon cher ami, j'ai été bien aise de recevoir des nouvelles de votre arrivée, car nous commencions à être inquiets sur votre compte. Je suis très content de ce que vous me dites de C., et je me réjouis d'avoir été doublement trompé dans mon attente. J'avais bien prévu d'avance qu'il y aurait encore des difficultés qu'on ne devine pas toujours de loin; mais ce qu'il est essentiel que je sache, c'est le maximum des peines. Écrivez-le-moi le plus tôt possible. Dites à B... que s'il trouve des phrases mal rédigées sous le rapport du style, il me fera grand plaisir de les rectifier, mais je ne veux pas que cela entraîne la moindre modification dans 'es idées.

de cette affaire? Essayer la juridiction de la cour des pairs, rafraîchir la mémoire du public qui avait pu oublier que Louis-Bonaparte existait encore. Mais Laity! qui a pu le faire agir ainsi? avait-il confiance en son astre? Toutefois ne s'est-il pas trompé : une fortune de vingt mille francs de rentes n'est jamais à mépriser, quand même elle vous coûte cinq ans de détention.

Pour la brochure incriminée, dont il doit

« Dites à A..., de ma part, que je ne lui écris pas, parce que je l'attends tous les jours, comme il me l'avait promis.

« Je vous assure que nous éprouvons bien ici le vide de votre absence, et l'idée que vous aurez peut-être quelques contrariétés à subir me fait beaucoup de peine.

« J'ai reçu une lettre de madame G... Je lui sais bien bon gré de son attachement, mais souvent elle fait des rêves de *l'autre monde* et prend du *millet pour des perles*. Tout le monde ici vous fait faire ses compliments. Recevez l'assurance de ma sincère amitié.

N.

« Vous trouverez chez M. 269,1,28,4, une lettre pour vous.

« Vous auriez bien dû chercher comme adresse un nom plus propre. »

encore exister beaucoup d'exemplaires, puisque la police n'en a pu saisir que cinq cents à peu près, c'est une histoire qui présente une imitation de Tite-Live quant aux morceaux oratoires : le prince Louis Napoléon y adresse à tout le monde de fort beaux discours, comme on en fait depuis que pour régner on est obligé de feindre de bonnes intentions.

Dans le mois de juillet 1839 parut un écrit : *les Idées Napoléoniennes*, par le prince lui-même. L'auteur venait d'être expulsé de la Suisse par ordre du cabinet français.

Pour les raisons qui ont porté le ministère à permettre cette publication, il est facile de les comprendre après avoir lu l'ouvrage : le prince cette fois a voulu faire de la politique diplomatique, et la manière dont il s'y est pris est vraiment curieuse : il veut allier tous les partis et les mettre de son côté, et pour cela il les flatte l'un après l'autre, et avec un aplomb inconcevable.

Ces idées napoléoniennes ne firent pas la

moindre sensation, l'acte de la publicité eût suffi d'ailleurs tout seul pour déprécier l'ouvrage. Le pouvoir, grâce aux lois de septembre, a maintenant tant de facilité pour anéantir ce qui déplaît, que les écrits politiques ont perdu tout leur prix : on ne peut plus faire de l'opposition qu'avec la permission de l'autorité.

Malgré le peu de succès de ces tentatives littéraires, le prince a jugé à propos de se faire précéder par quelque opuscule. Alors a paru la *Visite au prince Louis.* Dans cette espèce de roman en lettres, on donne par écrit et supérieurement flatté le portrait du prince.

VIII.

SECONDE TENTATIVE.

—

6 août 1840.

Au premier abord les prétendants nous paraissent des gens d'une singulière trempe et d'un aveuglement inconcevable, pour ne pas s'apercevoir des sentiments du peuple à leur égard. Certes ce n'est pas d'hier qu'est résolue la question d'hérédité, et si nous laissons subsister une anomalie aussi patente dans notre constitution, c'est que nous n'avons pas encore trouvé à y remédier. Les préjugés qui obstruent les veines régénératrices de la société ne s'en vont que goutte à goutte; mais bien insensé qui veut faire revivre le lendemain ce qui est mort de la veille. Les prétendants, quelle que soit leur force d'intelligence, savent toujours ce qu'il n'est permis à personne d'ignorer ; cependant ils ne veulent pas renoncer à leurs droits ridicules, parce qu'ils savent aussi que tant qu'il y aura des ambitieux, ils ne manqueront jamais de partisans ; que tant qu'il y aura des souverains qui voudront s'assurer leur domination aux dépens de la liberté des autres nations, ils ne manqueront jamais d'appuis ; enfin, que tant que les peuples ne seront pas éclairés dans toute leur masse et voudront trouver le remède dans le mal même, ils ne manqueront jamais de chances de succès. Que leur importe qu'on ne se serve d'eux que comme d'un épouvantail, ou qu'on ne les prenne que pour remplir le vide d'un trône, que leur être soit passif, leur volonté nulle ? ils auront le plaisir de régner sur un peuple. C'est donc un bien grand plaisir que celui-là ?

Nous sommes avec les Belges la seule nation qui ait éprouvé sa souveraineté en se donnant un roi, et nous avons deux prétendants que les étrangers nous conservent soigneusement. Aujourd'hui ils en ont risqué un, et il faut qu'ils aient bien mal jugé du caractère de nos divisions intérieures pour croire que nous irions au-devant d'un prince qui, quelques jours auparavant, entretenait la presse de ses fréquentes entrevues avec lord Palmerston, et ceci quelques jours après le traité du 15 juillet.

Louis Napoléon s'est encore prêté de bonne grâce aux viles manœuvres des ennemis de la France, mais d'une manière bien plus ostensible, bien plus coupable, et qui dépasse de beaucoup la témérité de sa première entreprise. Pour la tactique, c'est toujours la même; même procédé pour produire l'enthousiasme, à la nature des liquides près: à Strasbourg c'était de la bière, cette fois c'est du champagne; toujours même moyen de séduction, le petit chapeau et les accessoires. Cette fois encore on ne trouve rien de plus commode que d'aller à la première caserne qu'on rencontre et de chercher à embaucher les soldats. Mais cette fois toutes les intelligences qu'on s'est réservées dans l'armée se réduisent à un lieutenant; pour les forces qui composent l'expédition, ce sont quelques laquais déguisés en soldats.

Mais la résolution du prétendant doit contrebalancer ces désavantages, il veut être digne du nom qu'il porte, il veut être audacieux : à Strasbourg il s'était rendu sans résistance, de peur de répandre le sang français; maintenant il tire à bout portant sur un officier qui a encore la bonté de ne pas le faire arrêter au même instant[1].

Pour le but de l'expédition, il n'était rien moins que de s'emparer de la personne du roi, au château d'Eu : entre nous, je crois

[1] Les dépositions ne sont point d'accord sur ce point. Il est à désirer que le prince puisse se disculper de cet acte de lâcheté; à moins de cela, son insurrection, toute folle qu'elle est, peut prendre un caractère grave.

que cette capture aurait peu servi au prince.

Le 12 août, entre minuit et une heure, le prince Louis arriva à la préfecture de police, et fut incarcéré dans la chambre qu'avait occupée Fieschi. Le 18 est lue l'ordonnance du roi devant la cour des pairs.

Faut-il maintenant parler de la conduite de la garde nationale et de la garnison de Boulogne? tous ont fait leur devoir : pendant l'action tous se sont montrés fort braves, et après chacun a fait son rapport fort fidèlement ; aucun détail n'a été omis, aucun éloge n'a été oublié. Quels rapports ! Les bulletins de la grande armée sont loin d'être aussi complets.

Tant de dévouement méritait une récompense ; aussi le roi a-t-il voulu les surprendre agréablement en leur faisant une visite avec toute sa famille. Le 16 août à minuit la famille royale et les ministres présents à Eu s'embarquèrent à bord du *Véloce*, pour se rendre à Boulogne ; mais voilà que ce même

Océan qui s'était laissé vaincre par un certain Caligula, se montre rebelle à un roi citoyen, et au lieu de débarquer à Boulogne on débarque à Calais. Le 18 les journaux officiels nous ont appris cette petite mésaventure, et nous ont informés en même temps que le roi et ceux qui l'accompagnaient étaient en bonne santé, ce qui n'a surpris personne. Un marin s'était noyé pendant le débarquement de l'auguste famille ; mais cet événement avait trop peu d'importance pour qu'on en fît mention.

Parlons un peu de la cour des pairs : les journaux, malgré les préoccupations du moment, ont encore agité la question de compétence, comme il arrive chaque fois que la chambre haute est constituée en cour de justice.

Pourquoi les pairs ne seraient-ils pas compétents? qui représente plus dignement le pouvoir exécutif? et qui intéresse l'attentat de Boulogne, si ce n'est le gouvernement, ou plutôt la royauté, qu'on a voulu renverser? quel intérêt aurait le peuple à ce qui ne le regarde en rien?

M. Berryer s'est chargé de la défense du prince, et c'est là ce qui peut intéresser le plus la curiosité publique. Ce sera curieux en effet de voir comment s'y prendra l'illustre orateur pour pallier ce qu'il y a de ridicule dans l'entreprise et de coupable dans le but proposé.

Vers le 25 septembre commenceront les débats.

Voici une lettre du père du malheureux prétendant; sans doute, elle ne sera d'aucune importance pour le procès, mais elle intéressera toujours le public.

«Le comte de Saint-Leu, Louis-Napoléon Bonaparte, ancien roi de Hollande, à M. le rédacteur du *Commerce*.

«Monsieur,

«Permettez que je vous prie de recevoir la

déclaration suivante : Je sais que c'est un singulier moyen et peu convenable que celui de recourir à la publicité ; mais quand un père affligé, vieux, malade, légalement expatrié, ne peut venir autrement au secours de son fils malheureux, un semblable moyen ne peut qu'être approuvé par tous ceux qui portent un cœur de père.

« Convaincu que mon fils, le seul qui me reste, est victime d'une infâme intrigue, et séduit par de vils flatteurs, de faux amis, et peut-être par des conseils insidieux, je ne saurais garder le silence sans manquer à mon devoir et m'exposer aux plus amers regrets.

« Je déclare donc que mon fils Napoléon-Louis est tombé pour la troisième fois dans un piége épouvantable, un infâme guet-apens, puisqu'il est impossible qu'un homme qui n'est pas dépourvu de moyens et de bon sens se soit jeté de gaieté de cœur dans un tel précipice. S'il est coupable, les plus coupables et les véritables sont ceux qui l'ont séduit et égaré.

« Je déclare surtout avec une sainte horreur que l'injure que l'on a faite à mon fils en l'enfermant dans la chambre d'un infâme assassin est une cruauté monstrueuse, anti-française, un outrage aussi vil qu'insidieux.

« Comme père profondément affligé, comme bon Français, éprouvé par trente ans d'exil, comme frère et, si j'ose le dire, élève de celui dont on redresse les statues, je recommande mon fils égaré et séduit à ses juges, et à tous ceux qui portent un cœur français et de père.

« Votre abonné,

« LOUIS DE SAINT-LEU.

« Florence, ce 24 août 1840. »

IX.

ÉQUILIBRE EUROPÉEN.

—

Laissons maintenant ce sujet; les coupables appartiennent à la justice : que les juges soient sévères ou indulgents, nous n'en serons pas plus avancés. Jetons un coup d'œil autour de nous, examinons la situation présente. Voyons ce que nous pouvons espérer de l'avenir.

Triste situation que la nôtre! nos institutions sont en opposition patente avec celles des autres nations; les peuples nous haïssent, les souverains nous craignent. Nos idées sont partout de contrebande. Comment cette situation nous est-elle venue? C'est là un effet du hasard, de la destinée, si vous voulez. L'imprimerie est le premier mobile que nous pouvons apercevoir; immédiatement après, vient la philosophie du XVIIIe siècle, et c'est sur ce point que notre époque tranche définitivement avec l'antiquité. Les Grecs étaient aussi philosophes que nous, cependant leur philosophie n'a jamais pu influer sur l'état politique des choses. Ne reconnaissons-nous pas là l'œuvre de l'imprimerie? Chez les anciens le génie d'un grand homme ne s'étendait jamais au-delà de ses disciples; chez nous le philosophe peut correspondre immédiatement et indistinctement avec tous les membres d'une nation; il advient ainsi qu'une génération se forme à une même école: dès lors on peut facilement concevoir la puissance d'une idée qui pénètre à la fois des milliers d'individus. La révolution française s'est formée tout à fait intellectuellement; elle n'a passé à la force brutale que par l'irritation produite par la résistance de quelques-uns qui s'étaient imaginé qu'ils pourraient toujours arrêter le torrent sans s'exposer à le faire déborder.

La grandeur de l'empire romain ne s'est établie que par la force matérielle. Le christianisme ne s'est propagé que par la persuasion. Mais la force matérielle ne peut servir qu'à la conquête, par elle on conserve très difficilement : aussi l'empire romain n'est-il pas longtemps resté uni. La méthode du Christ eut un autre inconvénient ; les idées s'altèrent à force de se communiquer : aussi voyons-nous le sens de ses doctrines si pures, si vraies, diverger déjà dans les mains des apôtres. Le règne de la liberté offre donc bien plus de chances de stabilité, puisque, grâce à l'imprimerie, ses principes seront irrévocablement fixés ; mais il faut trouver une base solide pour y établir le trône de cette liberté, sans laquelle la justice n'est qu'un vain mot. Et malheureusement nous n'avons encore fait qu'abattre ; chaque fois que nous essayons de construire, nous perdons courage, et l'impiété détruit l'œuvre déjà commencée : c'est que pour élever un pareil édifice, il faut un grand concours de bras, et nous sommes seuls au milieu de l'Europe, seuls dans le monde.

On parle de civilisation. Triste civilisation que celle de l'Europe! où sont les peuples libres? Les uns sont écrasés par le vil droit de conquête : l'Italie est une province de l'Autriche, l'Irlande une colonie anglaise, la Pologne est la proie de la Russie. Les peuples dominateurs, ceux qui sont représentés par des souverains, en quoi consistent leurs droits? de quelle liberté jouissent-ils? La volonté du souverain est partout encore le fond de la législation. Le despotisme se trouve partout affermi par des siècles d'esclavage. Et c'est là ce que nous osons appeler des nations civilisées! l'homme a joui de tout temps d'une pareille civilisation.

La France, en brisant l'idole du despotisme, a monté trop vite pour pouvoir emporter les autres peuples dans son vol impétueux; d'ailleurs la liberté y est apparue sur un échafaud, toute couverte de sang; et l'homme ne reconnaissait encore qu'aux rois le droit de tuer impunément. Il a reculé devant le nombre des victimes et n'a pas voulu s'exposer à la nécessité d'un pareil sacrifice; il a préféré s'immoler soi-même en défendant les droits de son esclavage.

L'aigle impériale a dominé un instant une grande étendue de l'Europe; on pouvait espérer l'œuvre de l'affranchissement universel. On eut alors le triste spectacle de peuples cherchant à repousser leurs libérateurs, forçant à les étouffer la main qui s'était avancée pour leur ôter leurs chaînes; c'est qu'il n'entre pas dans l'amour-propre de l'homme d'accepter un bienfait qu'on lui apporte le sabre à la main. D'un autre côté, quelques années de domination ne pouvaient suffire pour extirper tous ces vieux préjugés.

L'empire s'est anéanti, et aussitôt les peuples se sont remis dans les fers qu'on leur avait arrachés de force; les nobles intelligences qui avaient brillé un instant ont été enfouies dans des cachots ; toute sève de liberté s'est arrêtée.

La France a bientôt reconquis ce qu'on lui avait ôté, parce que la liberté était comprise par ses enfants, parce que cette liberté était leur ouvrage. Un gouvernement populaire fut institué; étourdies d'un coup si imprévu, les puissances étrangères ne se sont pas opposées, mais la paix qu'elles ont signée n'était qu'une trêve : cette trêve ne devait avoir pour durée que le temps nécessaire pour comprimer les esprits généreux qui s'étaient laissé impulsionner. Leur résolution était prise : elles avaient la conviction que leur tranquillité ne peut être assurée tant que la France est une nation. Le soulèvement de la Pologne, l'indépendance de la Belgique, leur ont encore montré tout ce qu'il y avait de dangereux à laisser subsister une nation libre au milieu d'un amas de peuples d'esclaves; mais il n'y avait pas moyen alors de rompre ouvertement pour essayer l'œuvre de destruction. La Russie était vaincue par les Polonais, l'Autriche était obligée de surveiller l'Italie, chaque prince de l'Allemagne était occupé à sévir contre ses sujets qui voulaient suivre le glorieux exemple de la France.

Pourquoi le gouvernement français a-t-il montré tant d'indulgence? pourquoi n'a-t-il pas deviné les intentions secrètes des cabinets étrangers? que n'a-t-il pris l'initiative, alors qu'il était en force de commencer!... L'Europe serait affranchie aujourd'hui! Elle l'eût été presque sans effusion de sang... Eh! fallait-il donc dix ans pour voir ce qui se trame contre nous depuis un demi-siècle? Les souverains, leurs ministres se sont-ils conduits avec tant de prudence qu'on ne pouvait les les pénétrer, n'a-t-on jamais pu reconnaître les sourdes menées des cabinets étrangers dans les diverses tentatives de soulèvement de chaque parti? Les propos qu'on tenait à notre égard aux cours étrangères ne sont donc jamais venus jusqu'aux oreilles de nos représentants? Pourquoi, diantre! avons-nous donc des ambassadeurs dans tous les coins de la terre, s'ils ne veulent rien voir, rien entendre? Pour l'Angleterre, passe encore: on pouvait se laisser tromper de ce côté-là; mais croire que l'Angleterre serait notre alliée contre le reste de l'Europe, voilà ce que je ne pardonnerai jamais à un historien de Napoléon. Mais faire des concessions continuelles pour maintenir la paix un jour de plus! Vouloir encore défendre le système du gouvernement français en face des victimes de ce système!!

Ceci est horrible à penser d'un gouvernement qui ne doit son existence qu'à la sainte cause de la liberté. Cependant le passé est là pour accuser la France de sa coupable inertie. Où est la Pologne? qu'a-t-on fait des plus belles provinces de la Belgique? Où sont les sympathies des peuples pour le drapeau de la liberté? Qu'est devenu l'honneur de la nation française? et l'on oserait poursuivre dans la même voie de perdition ! Encore a-t-on montré la moindre défiance? Il ne fallait rien moins que l'insolence de lord Palmerston pour nous dessiller les yeux. Que fait-on maintenant? Comme on n'a pas réussi à soulever la Vendée en faveur de Henri V, et les provinces de l'est en faveur de Napoléon II ; comme on a vu la France, unie comme par enchantement, ne répondre que par un seul cri de guerre, on ne demanderait pas mieux que les choses s'arrangeassent à l'amiable. Encore cette concession ! une de plus ou de moins, qu'importe?... Mais je m'arrête, car le cœur me bondit de rage, et je me souviens qu'il n'est plus permis d'exprimer qu'une partie de ce qu'on pense. Je me tais donc pour laisser parler les faits, ils parlent assez haut pour être entendus.

Eh ! qui n'a pas prévu la situation présente? qui n'en est pas pénétré? Il n'est pas un seul journal, si ce n'est les *subventionnés*, qui ne se soit efforcé d'éclairer le pouvoir sur ce qui se trame contre nous à l'extérieur; il n'est pas un seul citoyen, si ce n'est les hommes d'état, qui n'ait compris tout ce qu'il y a de dangereux à suivre un système n'aboutissant à rien, à vivre au jour le jour, comme nous faisons. De tous les points de la France se sont élevées des voix pour désapprouver la conduite du gouvernement envers les cabinets étrangers : s'est-on donné la peine de se disculper? On a répondu par les lois de septembre. Le plus fort a raison. Il s'est trouvé des hommes assez hardis pour démontrer la nécessité d'agir, et cela promptement; on les a traités de séditieux. On a fait taire par la menace, par la force, ceux qui ne voulaient pas vendre leur silence. Il ne s'est pas encore trouvé un seul ministère qui ait osé prendre une résolution ferme, on a préféré attendre le concours des événements et n'agir que sous leur impulsion.

Représente-t-on au pouvoir les suites funestes qu'entraînent toutes ces concessions continuelles que l'on fait pour prolonger la trêve européenne ; le pouvoir répond aussitôt par une magnifique description des progrès de la civilisation, de l'industrie, des sciences, des arts, tous conquêtes de la paix. C'est là vouloir excuser la négligence d'une chose principale, en éblouissant les esprits avec une chose toute secondaire. Que nous sert d'être aujourd'hui le premier peuple de la terre, si demain toute l'Europe se lève contre nous ? Que nous sert la liberté, si elle est rançonnée à tous moments ? L'industrie, nos inventions, que nous rapportent-elles ? Les spéculateurs n'osent pas se fier à la tranquillité de l'extérieur ; le commerce est dans un état de stagnation continuel. Nos productions restent enfouies dans le pays, les exploitations ne se poursuivent qu'avec lenteur : tout le monde est à attendre un autre état de choses, une paix assurée ; et le pouvoir épuise toutes ses forces à prolonger la situation présente !

Qu'on ne se fasse pas illusion sur la destinée que nous préparent ceux qui nous craignent, et que subiront avec nous ceux qui nous gouvernent. Tandis que nous embellissons notre intérieur, en cultivant les arts, en agrandissant le domaine de la science, on forge des armes pour nous détruire ; on cherche à nous rendre méprisables auprès des autres peuples pour effacer toute sympathie : plus nous attendons, plus notre situation devient précaire. Les armées des autres souverains sont aussi disciplinées, aussi bien tenues que la nôtre ; nous sommes inférieurs en nombre ; nos vieux généraux ne sont plus, les jeunes ne sont pas encore éprouvés ; les partis deviennent de plus en plus menaçants... Mais est-il donc besoin de tant de mots pour prouver que la guerre est une nécessité, que ce n'est que par elle que nous pouvons reprendre tout ce que nous avons perdu, conquérir tout ce qui nous appartient ?

Eh! qu'avons-nous à craindre? Les peuples nous attendent comme le captif attend le jour de la délivrance : à peine un vague bruit de guerre s'est répandu, que déjà la jeunesse étrangère quitte le sol natal dans l'espoir d'y rentrer bientôt triomphante; elle ne veut pas s'opposer à la liberté parce qu'elle sait que ce serait un sacrilége. Les souverains nous ont mal jugés; ils ont cru nous abattre, nous faire déconsidérer par le mépris : montrons-nous, et tous ces souverains n'auront plus de peuple (1). Que la France accomplisse donc sa mission. Il est temps qu'on rabaisse l'indigne politique des cabinets étrangers ; ils ne démembreront plus les états qui les gênent; ils ne les

(1) Ce que M. Frédéric Soulié écrit des lieux mêmes au *Journal des Débats*, sur les provinces rhénanes, je l'ai observé plus de vingt fois sur les mêmes lieux. Les peuples qui nous approchent ne demanderaient pas mieux que de se voir unis à la France, parce qu'ils nous voient de leurs propres yeux, et par conséquent ne se laissent pas influencer par les viles calomnies qu'on invente contre les Français.

priveront plus de leurs remparts naturels, pour se réserver une entrée commode en cas d'invasion. La guerre! la liberté l'attend pour se propager.

X.

FRANCE.

—

Mais la guerre avec l'extérieur, est-ce la seule lutte que nous ayons à soutenir? Ce n'est pas tout d'étendre le domaine de l'indépendance, d'affranchir les peuples : la liberté a-t-elle chez nous un culte digne d'elle? hélas! l'égoïsme en a fait sa proie! ceux qui ont promis de l'élever, de la défendre, ont été effrayés de son éclat! la presse est muselée, le pouvoir sévit contre le peuple au lieu de le protéger. La nation était souveraine, et ceux qu'elle s'est imposés condamnent par leurs actes la puissance dont ils tiennent leur pouvoir.

D'où vient ce désespoir subit qui nous saisit dès que nous nous replions sur nous-mêmes? nous avons horreur de notre situation ; nous avons horreur de tout ce qui nous entoure. C'est le désespoir du condamné quand il pénètre au fond de son cœur ; désespoir plus terrible que le supplice, parce qu'il émane de la conscience, plus inexorable que le bourreau.

Pourquoi prendre les armes? n'avons-nous d'ennemis que sur la frontière? pourquoi nous immoler en défendant la patrie? qu'avons-nous à espérer? Le despotisme nous menace de destruction, le pouvoir nous menace de despotisme. Quoi! guerre au dehors, lutte à l'intérieur!

Que font nos citoyens? les uns restent tranquilles spectateurs de tout ce qui se passe autour d'eux; les autres, turbulents, inconsidérés, se jettent aveuglément dans les partis, attendent leur bien-être d'un changement de gouvernement, et aggravent ainsi le mal qu'ils veulent guérir. Non, jamais la postérité ne comprendra pareille absurdité ; ce n'est que le choix d'un maître qui occupe les Français; tous sont d'accord sur ce point, ce n'est que le choix qui les embarrasse. Ils craignent d'être libres; ils ne se sentent pas la force de se diriger eux-mêmes; il faut qu'on les conduise comme un vil troupeau. S'ils brûlent de défendre la patrie, s'ils se jettent dans la fatale extrémité de s'entr'égorger eux-mêmes, ce n'est que pour servir. Oh! maudite soit une société pareille! maudits soient ceux qui nous ont éclairés et qui ne peuvent nous rendre meilleurs! maudit soit le moteur qui nous a poussés à la destruction, et qui est impuissant pour reconstruire! Les hommes sont incorrigibles. A quoi sert de crier incessamment au peuple :

Auras-tu donc toujours des yeux pour ne point voir?

Cinquante ans de calamités, d'essais, ne nous ont pas assez instruits. Faut-il que nous ayons épuisé tout notre courage, toutes nos forces, toutes nos lumières à renverser; et il ne nous reste donc plus une étincelle d'intelligence pour reconstruire, pour régénérer, pas une parcelle de sagesse pour nous maintenir et pour persévérer? Est-ce donc à force de révolutions que nous améliorerons notre sort? avons-nous d'ailleurs le droit de faire une révolution nouvelle?

Un peuple peut renverser une royauté qu'on lui a imposée, comme un homme peut trahir un serment arraché par la violence; mais détruire son propre ouvrage, anéantir l'œuvre de sa pure volonté! établir un tel principe, c'est rendre toute souveraineté impossible, c'est fonder une anarchie sans fin, c'est détruire tout germe de cette union sociale qui constitue la force d'une nation (1). Le roi qui nous gouverne a été nommé lieute-

(1) Faut-il relever sur ce point un des nombreux paradoxes du Contrat Social? Il est dit, liv. II, chap. XII, à propos des lois fondamentales ou politiques : « En tout état de cause, le peuple est toujours le maître de changer ses lois, même

nant-général du royaume le 31 juillet 1830, alors que le peuple se tenait triomphant sur les barricades ; il a été proposé comme roi le 7 août et proclamé le 9 : maintenant, que la déclaration simultanée des deux chambres ait été le résultat d'intrigues; qu'elle ait été dictée par la nécessité impérieuse d'en finir avec le gouvernement provisoire qui, prolongé, eût compromis la sûreté de l'état; que les antécédents de la branche d'Orléans dénotent déjà certaines tendances à la royauté; peu importe : le peuple était souverain ; s'il n'a pas élu, au moins a-t-il accepté, alors qu'il était en force de refuser. Le nouveau roi a été accueilli par des transports unanimes, par de vives acclamations. Bientôt le peuple déchu de son autorité s'est convaincu qu'il était

les meilleures, car, s'il veut se faire mal à lui-même, qui est-ce qui a le droit de l'en empêcher ? »

C'est là reporter assez maladroitement à une masse d'hommes ce qui n'est, tout au plus, permis qu'à l'individualité ; en un mot, c'est légitimer le suicide social.

frustré de ses espérances. Fallait-il s'en prendre au roi? quel pouvoir a un roi constitutionnel? que peut-il faire de sa pleine autorité? Dans un gouvernement représentatif le roi propose, mais est-ce bien lui qui propose? C'est tout comme si j'ajoutais : le peuple dispose. La révolution de juillet n'a opéré qu'un changement vague sous tous les rapports : un blason a été changé, les drapeaux ont été peints, la couronne a été posée sur une autre tête : les hommes d'état sont restés les mêmes. Les prérogatives royales ont été restreintes. Changer de roi, est inutile et peut devenir funeste; refaire notre constitution, est impraticable dans les conditions actuelles : pour les hommes d'état, devons-nous les remplacer par d'autres? qui nous répondrait des capacités des nouveaux venus? Je ne veux pas même parler de leur probité.

Le pouvoir exécutif pèche, parce qu'il est d'abord mal basé; l'usurpation est encore trop facile, et l'usurpation qui est à craindre est celle des hommes d'état. Les propositions du ministère doivent être soumises à l'approbation des représentants du peuple; et, à chaque vote de la chambre élective, le peuple proteste contre la décision de ses représentants : quelle preuve plus évidente que les députés manquent à leur mission? Pourquoi y manquent-ils ? il est presque absurde de le dire, parce qu'ils ne sont pas élus par les électeurs; et le fussent-ils, quels sont ces électeurs? où l'égoïsme est-il le plus commun, si ce n'est parmi les gens qui ont de la fortune? qui nourrit l'état, qui le défend, si ce n'est la classe ouvrière, ceux qu'on appelle gens de rien? Un fils de bonne maison s'abaisserait-il jusqu'à prendre rang dans l'armée? Il dit à un pauvre diable : Tiens, voilà douze cents francs; va défendre la patrie à ma place, tu mourras pour moi, c'est juste, je t'ai payé.

Si le pauvre ne peut plus suffire à ses besoins, comment s'y prendra-t-il pour réclamer des secours que le pouvoir est tenu de lui donner? Il ne paie pas le cens électoral; il ne peut manquer de rien, c'est évident. Personne ne s'occupera de lui.

Si un homme, qui ne tient pas de fortune de ses parents, au lieu de s'enrichir trouve plus généreux de s'occuper des intérêts de la société, quand il aura fait de longues études pour se rendre utile à l'état, on le rejettera : il ne peut avoir d'esprit, car il n'a pas de propriétés foncières.

Mais un homme qui a passé sa vie à dépouiller les autres, celui qui enfreint toutes les lois de la morale, qui profite des lacunes que présente la pénalité pour faire impunément un trafic infâme, celui que l'opinion publique, à défaut de la justice, a flétri depuis longtemps, cet homme sera admis aux élections; on déférera à ses avis, et pourquoi ne le ferait-on pas? Il a volé pendant trente ans de sa vie et il n'est pas aux galères, il faut qu'il ait infiniment d'esprit et de science. Et quels sentiments doivent apporter de tels hommes dans les élections? quel bien peuvent-ils vouloir au pays qu'ils pillent? iraient-ils élire un homme qui serait capable de soutenir à la chambre une loi contre la fraude, le dol, l'usure?

Il y en a d'autres, et ce sont les plus honnêtes, qui ont amassé une petite fortune dont ils veulent jouir paisiblement. Ceux-ci ne veulent que la paix, et rien que la paix; peu leur importe l'état, le souverain; que la disette torture les classes laborieuses, que le commerce, l'industrie périsse: que leur importe! pourvu qu'ils aient à vivre, pourvu qu'on leur garantisse ce qu'ils possèdent; ils ne voient rien autre: chacun pour soi.

Quand un gouvernement est-il assuré du concours des citoyens, quand peut-il se fier au peuple? Certes, il n'a pas à craindre que les usuriers se révoltent, pas plus que les petits propriétaires. La classe ouvrière est naturellement remuante; l'ouvrier se voit d'autant plus malheureux, qu'il ne voit, ou ne croit voir que des heureux autour de lui. L'armée n'est composée que de gens tirés de la campagne ou de la classe ouvrière; eh bien! ceux-ci sont repoussés partout : et faut-il s'étonner après qu'ils vont se révolter à chaque instant? Mais la manière dont on les traite excuse et légitime presque les soulèvements de leur part. Le gouvernement n'est pas en force de lutter avec l'extérieur parce qu'il n'ose pas se fier à ceux qu'il gouverne; pourquoi laisse-t-il tant de prise aux partis? Les hommes au pouvoir ne comprendront donc jamais leur position; on a beau leur jeter à la face les lambeaux sanglants de 93 : les barricades sont toujours les seules tribunes d'où le peuple puisse être entendu.

Qu'on ne se décourage pas; le peuple se comprend assez pour avoir confiance en sa force; des hommes généreux ont soin de ses intérêts et sauront faire prévaloir ses droits. Mais plus d'illusions de *mirage;* nous connaissons maintenant la valeur des belles promesses. N'attendons plus rien que de nous-mêmes. La *contre-révolution* n'ira pas plus loin. Les prérogatives royales sont restreintes ; ayons l'œil sur les *prérogatives sénatoriales*, ou nous aurons les inconvénients d'une république sans en avoir les avantages.

Le progrès est facile encore : le règne de l'égalité viendra à force de réformes ; les réformes viendront à force de persévérance. N'envions rien au passé et préparons un avenir digne de nos lumières. Ce n'est pas un siècle de Louis XIV qu'il s'agit de créer : glorieuses conquêtes que celles d'un peuple qui étend son esclavage sur ses voisins ! Glorieux règne des arts ! leurs bienfaits ne s'étendaient jamais au-delà de la noblesse. Splendeur digne d'admiration que celle de Versailles ! chaque bloc de marbre a coûté une année de labeur au pauvre qui, après, venait y mourir de faim, à côté des restes d'une orgie qu'y jetait un noble. Siècle digne de regrets! les grands s'étaient réservé le monopole des honneurs, des jouissances : au peuple celui de l'avilissement, de la misère.

Le progrès est facile ; mais gardons-nous de remonter à l'Empire. Quel avenir nous aurait-il préparé ? brillant en faits, sans doute, mais faiblement basé, il n'aurait pu se maintenir que dans la main de celui qui l'avait formé. Aucune garantie pour le peuple de la part du souverain : que pouvions-nous attendre des descendants du grand homme? Dans la forme, l'empire français n'était qu'une reproduction de l'empire romain : qu'est devenu celui-ci une fois hors des mains d'Auguste? Tout ce que le génie de Napoléon a apporté de bienfaits véritables a survécu à sa chute, et survivra à la civilisation, si jamais elle vient à se détruire. Mais plus d'absolutisme, tant que les hommes seront gouvernés par des hommes.

Cultivons les arts, étendons le domaine de la science, perfectionnons l'industrie ; mais n'oublions pas de nous affermir ; donnons à la société une organisation telle que tous les membres trouvent leur intérêt à l'accomplissement de leurs devoirs. Que l'histoire nous serve de leçon et non de modèle : tous les peuples ont cultivé les arts, et c'est toujours par là qu'ils ont fini. Toutes ces périodes si courtes, mais glorieuses dans l'histoire de l'intelligence, utiles par leurs ruines à la civilisation à venir, ont précédé la destruction de chaque peuple. Gardons-nous cependant de condamner les arts qui n'ont jamais fait que le bien, à la place de l'égoïsme qui a toujours fait le mal. Les hordes de barbares qui ont détruit les empires les plus puissants, n'ont agi de la sorte que parce qu'on leur avait refusé les bienfaits de la civilisation. N'allons pas en faire autant avec les bienfaits de la liberté : tous ces peuples, qui sont las de l'oppression de leurs maîtres, nous attendent depuis dix ans, et sont d'autant plus malheureux qu'ils sont plus opprimés, depuis que les *maîtres* s'effraient de notre voisinage, depuis qu'on empêche tout contact avec nous. Plus de relâche donc que nous n'ayons rempli notre tâche envers l'humanité, que nous n'ayons réalisé le rêve d'un demi-siècle.

Etendons au dehors, épurons à l'intérieur.

TABLE.

—

www.ingramcontent.com/pod-product-compliance
Lightning Source LLC
LaVergne TN
LVHW020344230826
846091LV00003B/983

* 9 7 8 2 0 1 1 7 6 1 1 8 7 *